29 Février 1912

VENTE
Du Jeudi 29 Février 1912
HOTEL DROUOT, SALLE N° 8
A DEUX HEURES

BIJOUX ET DENTELLES

Appartenant à Divers

COMMISSAIRE-PRISEUR
Me HENRI BAUDOIN
Successeur de M. Paul CHEVALLIER

EXPERTS
M. G. FALKENBERG
MM. MANNHEIM

CATALOGUE

DES

BIJOUX

ET

DENTELLES

Points d'Alençon, d'Argentan, de Chantilly d'Angleterre, etc.

APPARTENANT A DIVERS

ET DONT LA VENTE AUX ENCHÈRES PUBLIQUES

aura lieu à Paris

HOTEL DROUOT, SALLE N° 8

LE JEUDI 29 FÉVRIER 1912

A DEUX HEURES

COMMISSAIRE-PRISEUR

M° HENRI BAUDOIN, Successeur de M. P. CHEVALLIER

10, rue de la Grange-Batelière

EXPERTS

Pour les Bijoux :	*Pour les Dentelles :*
M. G. FALKENBERG	**MM. MANNHEIM**
6, rue Lafayette	7, rue Saint-Georges

EXPOSITION PUBLIQUE

Le Mercredi 28 Février 1912, de 1 h. 1/2 à 6 heures

CONDITIONS DE LA VENTE

Elle sera faite au comptant.

Les adjudicataires paieront *dix pour cent* en sus des enchères.

Paris. — Imp. de l'Art, Ch. Berger, 41, rue de la Victoire.

DÉSIGNATION

BIJOUX

1 — Broche formée d'ornements linéaires en-
richis de brillants et de roses.

2 — Broche, en forme de fleur de lys, pavée
de brillants.

3 — Grand médaillon losange en or, décoré
sur une face d'une étoile dont le centre est
un rubis et les rayons en brillants.

4 — Paire de boucles d'oreilles, brillants en-
tourés de brillants.

5 — Lot de brillants sur papier.

6 — Lot de cinq brillants sur papier.

DENTELLES

Appartenant à **MM. X.** et **Y.**

7 — Grande voilette en application d'Angleterre.

8 — Grande voilette en application d'Angleterre.

9 — Fichu en application d'Angleterre.

10 — Trois morceaux, application d'Angleterre.

11 — Environ dix mètres en plusieurs coupes, application de Bruxelles.

12 — Voile en application de Bruxelles, à rinceaux fleuris.

13 — Volant en ancienne dentelle de Milan. — Haut., 25 cent.; long., 7 m. 60 cent.

14 — Écharpe, point d'Angleterre à fleurs.

15 — Environ sept mètres volant bas, ancien point d'Alençon.

16 — Environ deux mètres vingt, petite garniture, ancien point d'Alençon.

17 — Environ six mètres volant bas, dentelle
d'Alençon.

18 — Neuf morceaux d'ancien point d'Argentan.

19 — Environ trois mètres cinquante, ancien
point d'Argentan.

20 — Petite coupe en ancien point d'Argentan.

21 — Plusieurs morceaux, ancien point d'Argentan à fleurs.

22 — Environ cinq mètres volant bas, ancien
point d'Argentan.

23 — Environ un mètre cinquante, ancien point
d'Argentan.

24 — Environ trois mètres quatre-vingts, ancien
point d'Argentan,

25 — Fichu en ancien point d'Argentan.

26 — Echarpe en ancien point d'Argentan, à
rocailles et grosses fleurs.

27 — Plusieurs coupes, Valenciennes.

28 — Fichu et volant bas assorti, en application.

29 — Deux fichus, guipure.

30 — Fichu en application.

31 — Pointe en point à l'aiguille.

32 — Fichu, point à l'aiguille. — Long., 3 m. 90 cent. ; haut., 0,34 cent.

33 — Mouchoir linon, garni d'application.

34 — Voilette, point à l'aiguille.

35 — Voilette et fichu en application.

36 — Parure en point à l'aiguille.

37 — Plusieurs coupes, point à l'aiguille. — Long., environ 4 mètres ; haut., 28 cent.

38 — Parure, point à l'aiguille.

39 — Environ huit mètres volant application, sur trente centimètres de hauteur.

40 — Plusieurs coupes, guipure à dents.

41 — Cravate en dentelle noire.

42 — Fichu en dentelle noire.

43 — Voilette, dentelle noire.

44 — Petit volant de dentelle noire. — Long., 2 m. 25 cent. ; haut., 23 cent.

45 — Environ six mètres, volant dentelle noire sur trente-cinq centimètrés de haut.

46 — Volant de dentelle noire de Chantilly de treize mètres cinquante de longueur sur trente-cinq centimètres de hauteur.

47 — Cravate en dentelle noire.

48 — Environ trois mètres, dentelle noire.

49 — Environ quatre mètres, dentelle noire de Chantilly.

5o — Environ huit mètres quatre-vingt-dix, guipure noire.

DENTELLES

Appartenant à Mlle X.

51 — Volant dentelle noire de Chantilly. — Long., 3 m. 70 cent.; haut., 55 cent.

52 — Volant dentelle noire de Chantilly en trois coupes. Long., 3 m. 70 cent.; haut., 55 cent.

53 — Volant dentelle noire de Chantilly. — Long., 2 m. 90 cent.; haut., 35 cent.

54 — Volant dentelle noire de Chantilly. — Long., 1 m. 5 cent.; haut., 20 cent.

55 — Volant dentelle noire de Chantilly. — Long., 3 m. 55 cent.; haut., 25 cent.

56 — Paletot en dentelle noire de Chantilly.

57 — Barbe, dentelle noire de Chantilly.

58 — Fichu en dentelle noire de Chantilly.

59 — Deux dessus d'ombrelle en dentelle noire.

60 — Fichu, dentelle noire.

61 — Châle en guipure noire.

62 — Volant en application d'Angleterre. — Long., 4 m. 50 cent. ; haut., 35 cent.

63 — Fichu en application d'Angleterre.

64 — Garniture en application d'Angleterre. — Long., 2 m. 30 cent.; haut., 10 cent.

65 — Volant en application d'Angleterre. Long., 4 m. 50 cent.; haut., 32 cent.

66 — Volant en application d'Angleterre, en plusieurs coupes. — Long., 4 mètres; haut., 34 cent.

67 — Volant en application d'Angleterre. — Long., 2 mètres; haut., 32 cent.

68 — Garniture en application d'Angleterre. — Long., 2 m. 90 cent.; haut., 10 cent.

69 — Garniture, application d'Angleterre, en deux coupes. — Long., 1 m. 60 cent.

70 — Fichu en application d'Angleterre.

71 — Voilette en application d'Angleterre.

72 — Parure, garnie d'application d'Angleterre.

73 — Guimpe, garnie d'application d'Angleterre.

74 — Guimpe et garniture en application d'Angleterre.

75 — Col en point à l'aiguille.

76 — Fichu Malines.

77 — Parure Bruges.

78 — Dessus d'ombrelle en application.

79 — Fichu en application.

80 — Dessus d'ombrelle en guipure d'Irlande.

81 — Fichu en guipure d'Irlande.

82 — Deux parures en guipure d'Irlande.

83 — Mouchoir en linon brodé et chiffré *H. D.*, garni de Valenciennes.

84-85 — Sous ce numéro, lot de dentelles variées.

86—87 — Sous ce numéro, plusieurs pièces en linon brodé et Valenciennes. (Seront divisées).

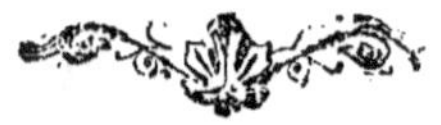